elefante

elefante

Conselho editorial
Bianca Oliveira
João Peres
Tadeu Breda

Edição
Tadeu Breda

Projeto gráfico
Flávia Castanheira

Ilustrações
Eva Figueiredo

Direção de arte
Bianca Oliveira

sou
eu
e
não
mais
sou

Karen Menatti

Dedico este livro àquelas pessoas que cuidaram de mim das mais variadas maneiras, que partilharam seu amor e foram fundamentais na minha trajetória quando a lida se tornou pedra. Minha gratidão é incomensurável.
Dedico este livro também a quem se sente, por vezes, caminhando em suspensão.

Sou eu e não mais sou.
De mãos dadas com a sereia, um sem fim de águas e forças.
Nua e mutante.
É um nadar beirando pedras.
Constante.

a
carta
da
morte

—

O corpo impossível movia-se rapidamente.

—

A mesma árvore carrega em seus braços seus mortos
e seu futuro,
pequenino e verde.
O mesmo mar continua a embalar os peixes mortos,
maquinários destroçados
e pedaços de homens e mulheres inchados
e ausentes.
E lá ainda bailam cardumes coloridos que se alimentam
desses mesmos homens
que um dia lançaram seus anzóis do píer
corroído pela maresia.
Da mesma terra na qual a semente se estica
desprende-se o cheiro do que agora é passado e podre e,
persistente,
inebria os narizes desavisados.
O veneno salva. A picada do inseto é dor
e alimento.
A natureza dança com a vida-morte.
É abismo e cura.
Morte e vida acordam juntas
a cada manhã e dormem
sob o mesmo céu.
A morte é o ontem
e o amanhã.

—

É preciso morrer um pouco para não morrer de vez.

—

Debrucei meus braços sobre o piano que eu nunca tive,
esperei o telefone tocar, a janela se abrir,
ouvi um murmurar de água se aproximando.
Dentro.
Protegi as imaginárias teclas brancas e pretas —
caminho ordenado,
oposto ao meu
sempre
imprevisível
inaceitável
inoportuno.
As águas brotaram
por fim
em profundo
desenfrear.

—

Diante do imponderável, chorou.
A boca ainda cheia da mordida
do pão.
Olhava a escada.
Uma luz desenhava o gradil de ferro no ar.
Suspenso.

Da gravidade ou da

suspensão

do tempo.

—

Quem é você que me habitava
e me devorava
e me procriava,
quem é você que era parte de mim
e me matava
e me esburacava,
com pressa
com força?

—

Estupro celular
À força
me comeu
À força procriou

—

Deixe que eu me absorva. No tempo preciso.
Preciso.
Não exponha minhas fissuras. Deixe-as aqui
comigo.
Minhas.
Esse pedaço de tempo meu.
A tempo,
o que te parece sujo é o que me guarda.

—

Dizem-me

Calma!

Às vezes, posso.
Às vezes, raiva.

Dizem-me

Respira!

Às vezes, mudo.
Às vezes, sina.

Dizem-me

Força!

Às vezes, mar.
Às vezes, poça.

Dizem-me

Tempo!

Às vezes, morro.
Às vezes, lento.

Dizem-me

Cura!

Às vezes, durmo
Às vezes, luta.

—

Foi mágoa no peito
crescendo no seio
Foi temperamento
cheio de receio
Foi muito calada
Foi muito educada
Foi crença no mito
do grito não dito
Foi vinho, cerveja
cachaça na mesa
catuaba, licor
Foi falta de amor
próprio
do pai, da mãe
do amigo
Foi falta de abraço
os olhos no umbigo
Foi falta de eixo
Foi puro desleixo
Foi próprio da idade
de viver na cidade
Foi azar, foi sorte
Foi medo da morte
Foi coincidência
Foi falta de essência
da vida sentida
Foi o modo de lida

Foi pasta com molho
Foi doce em excesso
Foi muita comida
noite mal dormida
excesso de sarro
maços de cigarro
Foi pouca verdura
pra vida tão dura
Foi falta de fruta
pra tanta labuta
Foi raiva, foi truque
foi culpa demais
foi gene, foi karma
emoção fugaz
Foi farra
Foi marra
Foi falta de paz.

Paz paz paz pa pa pa pa
z z z z z zz zzzzzzzzzzzzzzzzzzz
Az

Pausa.
Pousa,
a bruta.

—

Bicha mulher na jaula
Paulatinamente
Acuada.

Bicha mulher lambe a
jaula
Latinamente.

Pau.
Bicha mulher lambe
Acuada
Na jaula.

Jaula latina
Bicha mulher
Paulatinamente
Avança.

Lista

- Exame.
- Vexame.

                    - Contar para a mãe.

- Esconder das gentes.
- Remédios, cremes.
- Ombro emprestado.
- Atestado.
- Alimentar a cachorrinha.
- Sozinha.
- Alimentar os gatos da amiga.
- Crença antiga.
- Nua.
- Tomar sol na rua.
- Tentar não chorar.
- Ver o mar.
- Chorar.

Mãe é a que na lista destoa, não à toa.
Ela me deu a vida:

                    Mãe é mais — é minha rima.

mulher

—

Pedia, ó, meu anjo!
Socorra-me desse vale de lágrimas!
Gritava o grito
do pulsar da madrugada.
Das altas horas sem luz.
Implorava por coragem,
fé,
dinheiro,
trabalho.
Um que não submetesse os seus
olhos a avistarem sempre o chão.
Desejava um amor,
mesmo que sem tanto entusiasmo.
Por favor, meu anjo!
(É preciso chamar para aparecer. Ética celestial.)
Nunca a resposta.
E no canto do quarto,
sentada sobre um velho banco de madeira,
uma anja
cheia de vontades
desejava em ansiedade secular por um clamor terminado
em
A.
AnjA!

—

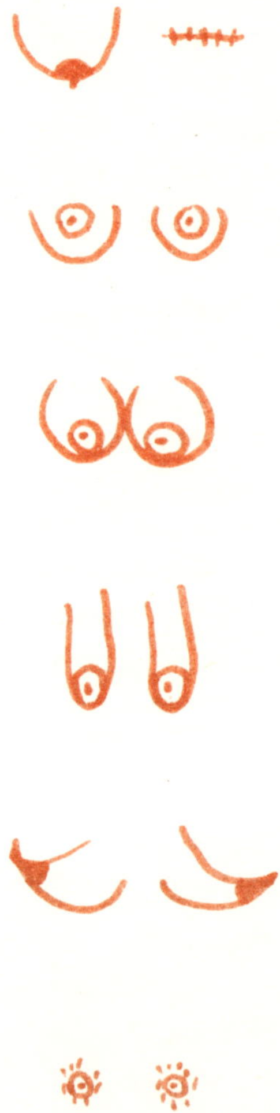

Dois peitos,
Cortados, sem um pedaço
Desmamado
Um peito, um mamilo
Dois mamilos

Dois peitos,
Cortados, ao meio,
em pedaços

Dois peitos, famintos
Desmamados
Um peito, um mamilo
Dois mamilos

Grandes, pequenos
Tortos, murchos

Curtos

Quentes, aflitos, mordidos,
doloridos
Tingidos

Gelados

Arrepiados os pelos
Cansados
minguados os pelos

com, sem
para quem
os peitos

Desenhados
Tatuados
atravessados,
infartados
dois peitos, um peito, sem peitos,
desfeitos

Pesados
Mamilos à pino,
sem mamilos, à pino
Leves
Sem pinto, com pinto
Breves

Fortes, lindos
profanos, míticos
Sagrados, amados
mamados
Infindos

Vulva, sem
Vem
Peitos nas bocas
Loucas
Ocas
Todas, todas

Na minha, na sua
Sedenta
Na cara, na cabeça, na cara
na sua, na minha
Na cara
na sua, na minha
na cara
Peitos

Do que uma careca é capaz, ou Da sociedade I

Atravessei a rua.
Desatenta. Cabeça com nuvens,
olhos com nuvens. Dor.
Desatenta.
Não olhei. Para os lados não olhei.
Desatenta.
Atravessei a rua. Moto passou
quase bateu
em
mim.

Ah!

Seu viado, filho da puta! Quer morrer, caralho?
Seu viado do caralho!
Sua bicha, maldita!
Quer morrer, seu filho da puta do caralho! Viado!
Viado!
Bicha filha da puta.

Desatenta
Foram tantos os gritos
os caralhos
Tantos
os
CARALHOS

Que o mundo parou para olhar
Para
mim.

Careca, eu.
Sem curvas, eu.
Sem batom, sem bolsa.
Sem sobrancelhas. Sem paciência.
Calça jeans, casaco, eu.
Bota, eu.

Frio. Muito frio.

Desatenta. Cabeça com nuvens
olhos com nuvens. Dor.

Seu VIADO do CARALHO!
Ainda gritou.
Ainda me encarou.

Todo mundo olhou
para
mim.

O viado era eu.

Do que uma careca é capaz, ou Da sociedade II

Agachada. Olhos na direção dos pés.
Enlaçava o cadarço
do tênis
desamarrado.
Calçças. Casaco. Careca.
A voz se aproxima.
De cima.
A voz rouca
para mim:

O senhor também vai fazer exame de próstata?

Demoro. Levanto o pescoço, a cabeça, os olhos.

Ah! Desculpe! O senhor
é
mulher!

Do que uma careca é capaz, ou Da sociedade III

Careca, eu.
Sobrancelhas fartas, cílios ainda
intactos.
De laranja
o suco na mesa.
Todos os olhos
em minha
cabeça.

Careca, um homem.
Sobrancelhas fartas, cílios
intactos.
De laranja
o suco na mesa
da frente.
Todos os olhos
em minha
cabeça.

—

Apenas um pelo
na sobrancelha
            esquerda
— na luta, companheira.
Caminho pela calçada
solitária.
Bolsa, livros
parafernália
de mim.
            Uma mulher me olha.
Invadimo-nos,
nuas.
            Consentidas.
Adentrei pupilas marrons,
mergulhei no globo ocular
Mar.
Água salgada.
Sinto seus olhos descerem pela minha faringe.
Nos respiramos, nos deglutimos.
Átimo!
Ah!
Emergimos.
Sorrimos dentes
escancarados.
Fartos.
Ela sabe,
eu sei.

—

Era espera.
Uma moça se aproxima.
Jovem, boné, correntes de prata
batom vermelho, óculos.
Era espera.
Quimioterapia.
Bancos cheios.
        Posso conversar com você?
Contou suas dores, amores.
Era espera.
Durante um choro
daqueles
a moça pediu ajuda
ao seu companheiro, me contou.
        Além de cozinhar para você, limpar sua casa, lavar suas roupas, você ainda chora? Vá se tratar!, me contou.

Que seu companheiro assim gritou e assim
partiu.
E deixou sua filha com ela e partiu.
Cheia de dores, de vertigens,
chorou ainda mais.
Reergueu a cabeça.
Demorou.
Era espera.
        (Ainda bem que foi embora!)

Era espera.
Número 207.
Sou eu.
Bom tratamento.
Pra você também.
Abraços, lágrimas.
Ainda bem que foi embora!
Foi é tarde!

Para Aline

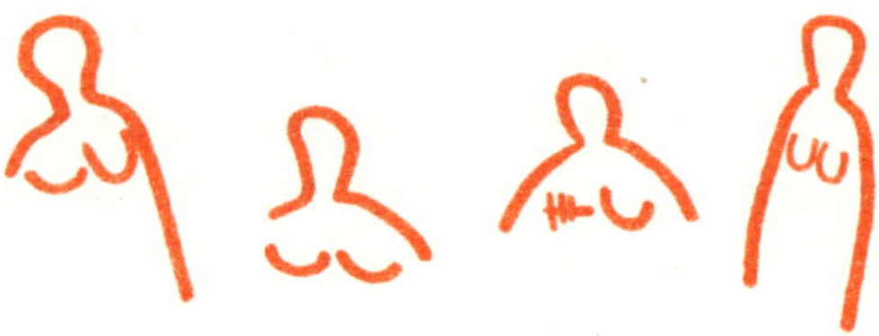

—

É preciso morrer um pouco para não morrer de vez.

—

Largou a mulher a uma quadra
do hospital.
A enfermeira contou.
Andava uma quadra a pé
para o hospital,
para ir e para voltar.
E na volta,
já tonta de remédios,
revirada de dores,
andava uma quadra
a pé.
Sozinha.
Estômago revirado.
Seu companheiro
                tinha
                                vergonha
de ser visto ao lado dela,
a enfermeira contou.
Meu estômago revirado
Da química e do
                                desafeto.

Para Henrietta Lacks I

Teus pedaços em um tubo,
teu passado em outros corpos.
Tuas células aqui.
A mulher imortal!

HeLa
não soube que seria assim,
que usariam seu corpo sem autorização
(a confirmação do ser mulher — corpo não autorizado).
HeLa,
Que se multiplica infinitamente
(a confirmação do ser mulher — infinita criação).
HeLa,
que ainda é desconhecida por quem a utiliza
(a confirmação do ser mulher — não receber os créditos).

HeLa, mulher preta.
Henrietta,
obrigada por caber em ti a generosidade celular
Infinita
através dos tempos.

Para Henrietta Lacks II

Pedaços seus
recriam os meus
Revivo em ti

Para Thompson Loiola

Para Alfonsina Storni I

Olho nos teus olhos, Alfonsina.
Sonhei com você
uma vez.
Um pássaro-pessoa me soprou poesia
na madrugada,
no meio da noite fria.
Revisitei o mar, cadernos velhos
e um sonho adormecido de terras
latinas.
Um pássaro-poesia me voou às hermanas
minhas.
No meio da noite fria.

Para Alfonsina Storni II

Um mergulho. Um voo.
Te olhei nos olhos durante o sonho, hermana mía.
Te dou as mãos, te abraço.
— Para olhar nos olhos do amanhã é preciso
coragem, você diz.
Você está em meus guardados.
Te abro.
Te entendo, poeta!
Você que se deitou no colo da mãe da água salgada.
Que precisou cessar.
Seu eco perdura.
Um mergulho-pássaro.
Um voo-mar no tempo e chego até você.
Flutuando.
— ¿Qué sucedió?
— Yo sé.

Para Ivone Gebara

Escutadeira!
Dos ouvidos até as entranhas
palavra estranha
deslocando minhas beiras.

Escutadeira!
Emana a palavra
e não sou mais estrangeira.

Para Dilma Rousseff

Uma mulher ascendendo ao poder é acinte
assunto
para uma sociedade que não suporta o saber
supremo.
Enquanto tuas pernas nas latarias dos carros
escancaradas
revelavam as índoles estúpidas,
o escracho e o horror,
tua luta,
continuada conduta
ilibada
persiste intacta e
única.

Para Audre Lorde

Tuas letras, tua lida.
Recusa à covardia e
às células
fixas.
Poeta oráculo,
luta e canto.
Tua palavra
— imensa —
enxerga
meu pranto.

—

É solitária a luta.
A dor é bruta.
Vem o vento, a mão
de amor.
Acalento.
O sol agride a pele.
O estômago transcende a pele.
Os pelos fogem da pele.
É despida a luta
abrupta.
Vem a agulha, a mão
de amor
que fura.
O líquido percorre as veias.
A transformação vem pelas veias.
O sono adentra as veias.
É estridente a luta.
A conduta.
Vem o riso, o medo
do que vem
impreciso.

—

Uma espada no alto
da cabeça
atravessa
meu fígado.
Os dias sangram,
singram meus olhos
para dentro.
Fora,
a espada atravessa.
Sangra.
É sina a lida.
É sangue a luta.
Diárias dores
de cores diversas
distintas
da minha.
A espadatravessa
a escrita.

Luta I

Fascista não é um câncer.
Não confundam um fascista com um câncer:
sobre o primeiro, a escolha de não o encarnar
está ao nosso alcance.

Luta II

Baixadas as defesas,
as células,
no ir e vir,
não sabem como agir.

A memória, para o corpo
e para a história,
pode ser
o princípio da vitória.

Luta III

Em comparar não insista:
o câncer mata um,
e milhares, o fascista.

Lista

- Dos cabelos, a peruca.
- Dos conselhos — alguns (outros, melhor não os ter!)
- Da mudança, o espelho — atravessar para olhar.
- Da pele, o osso.
- Da expressão, o poço — afundar é bom!
- Agigantar-se.
- Imagina-se.
- Admira-se.
- Gritar-se — a mim e ao nada.
- Procurar a beleza — no dentro.
- Encontrar a beleza — no dentro.
- Procurar a beleza — no fora.
- Encontrar a beleza — no fora.
- Do dormir, mais.
- Do sonho, o caminho.
- Da intimidade, o silêncio — ora também não seu.

estado larvário, ou das transformações

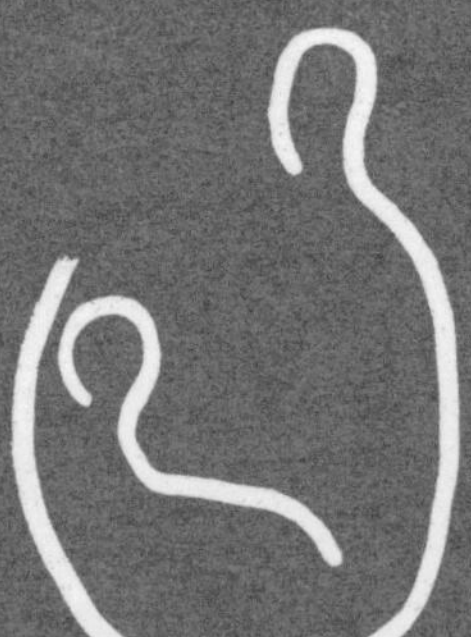

—

O eu ontem e o eu futuro dão as mãos.
É hora de ninar a mulher
que me habita,
é hora de ninar o homem
que me habita.
Duas moradas distintas
que agora vão morrer.
É hora de morrer.
Fazer as pazes
com o que há de melhor e
com o que há de pior
em mim.

Renovar cada célula
e
esperar
ativamente o que está chegando.

Esse novo corpo raiz, nuvem cabeça,
pés de fogo e toda,
toda a água que houver no mundo para lavar
o que ficar.

O eu ontem eu futuro estão aqui
e estão partindo.
O que vive é o que é para viver.
É preciso morrer um pouco para não morrer de vez.

Afagar a minha terra,
me preparar enquanto ando,
porque nada para.

(Nunca para o mundo de dentro e o de fora.)
Fluxos são o mesmo,
distintos e não menos
desiguais.
A mãe de dentro
que não minha mãe.
O pai de dentro
que não meu pai.
O amante
que não meu amante.
A amanta
que não minha amanta.
O filho
que não meu filho.
A filha
que não minha filha.
É hora de todos nós comermos da árvore.
Da imprópria e sábia.
Permitir-nos, todos
que me habitam,
nascer novamente.
De comermos do fruto indigesto.

Aqui estou eu,
que estou passando e que já não mais estou.
Tudo o que tenho são pés doídos,
pálpebras grandes
e faro de loba.

(À distância cheiro o mundo com seus odores podres,
nauseantes,
que invadem cada pedaço de mim
e que ponho todos para fora
de meu mundo
transmutado em líquidos meus e não meus.)

Tudo é transformação.
O que foi nunca esteve,
o que não aparece não precisa estar.
Que fique o mais tenro,
o mais louco e o mais lúcido.
Que seja gozo generoso,
que língua,
que saliva.
Muita saliva para brincar.
Todos nós girando
na noite eterna.
O eu, a mãe, o pai,
o amante, a amanta,
o filho, a filha.
Espiral do ir e vir.

A água doce me preparou,
a água salgada me preparou,
a lua cheia me preparou,
o pôr do sol me preparou,
o solstício de primavera me preparou,
a mata me preparou.
É chegada a hora larvária.

—

Meu corpo já não é meu
A mulher que me habita é outra

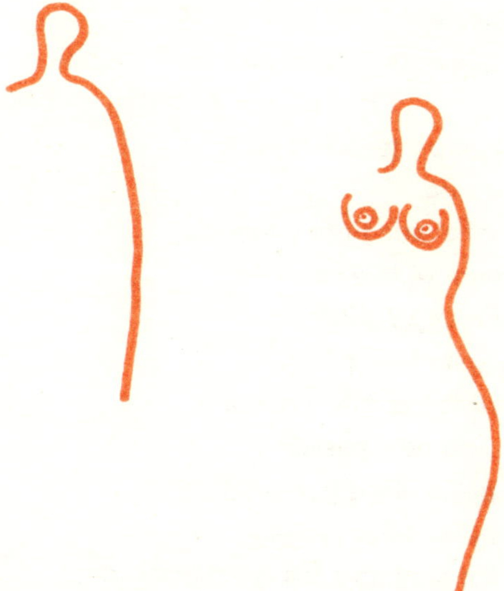

—

Meu corpo já não é meu.
A mulher que aqui está não mais está.
É passagem, é caminho,
o corpo agora é caminho.
Nunca esteve
e já está.
Com a força dos ontens,
mãos dadas com tempos de guerra,
gruta,
que é da mesma maneira trincheira e sonho.
De mãos dadas com o cordão umbilical cortado.
sou parteira e feto
e faro,
loba a deglutir o inimigo,
vomitá-lo e comê-lo.
O corpo agora é caminho.
Nada fica, tudo vai,
tudo por mãos passam,
pela pele passa,
pelos olhos passam,
pelas veias passam.
E é sangue cada vez menos meu
e mais meu.
É chegada a hora larvária.

—

É preciso verter aos poucos para não morrer de vez.

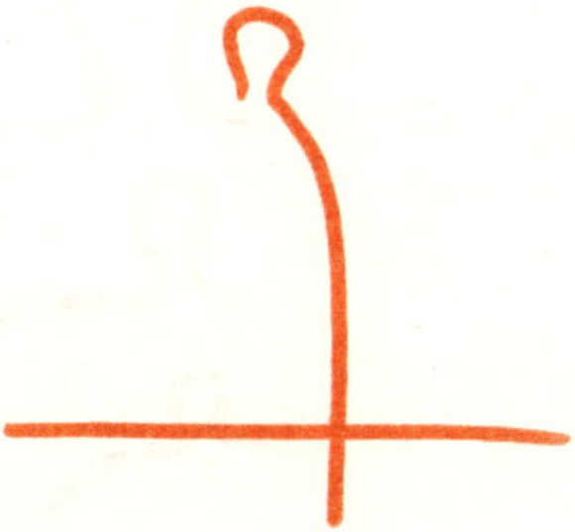

—

É belo o corpo
Te ouço
de dentro

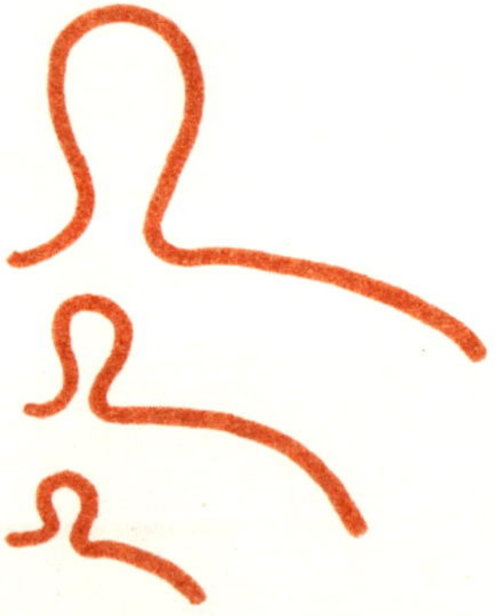

—

Sinto meu corpo despedaçar.
Me abrace, me embale
— é o que preciso:
dedos na pele!
Transforme meu corpo em poesia,
em verso, o verso.

—

Meus pelos chegam
Não pesam
São crianças
Sem passado
Leveza da página pura

—

Um poema entalado na garganta
não se engole,
se canta.

Se lança.

Se dança.

—

Tudo em mim pulsa
Os poros gritam
Quero matar, quero morrer
Até para desejar a morte é preciso estar viva

—

Tudo em mim pulsa
Os poros gritam
Quero mar, quero viver
Até para desejar a vida é preciso estar viva

Êxtase I

Em minha cabeça a água se espalha
Batem as gotas
Escancaradas

Na pele o pingo
Basta

Êxtase II

Careca exposta
Para a água
é caminho aberto
o que importa

Êxtase III

Sua língua me lambe
Os poros se abrem
O infinito
é instante

Êxtase IV

Lambe a língua
o novo corpo
O mesmo êxtase
agora é outro

Êxtase V

Ver o corpo crescer
feito imenso feto
é o mundo dentro
desperto.

Deleite,
entranhas.

Êxtase VI

Sua barba, minha nuca
Eu, nua (s)em pelo
Crua

—

Estou nua.
Na ladeira um
vento
me abre
inteira.
O peito suspira,
presente
das almas que
dançam
de mãos dadas
em mim.
Estou nua.
A boca aberta
e os pés cravados
no chão.

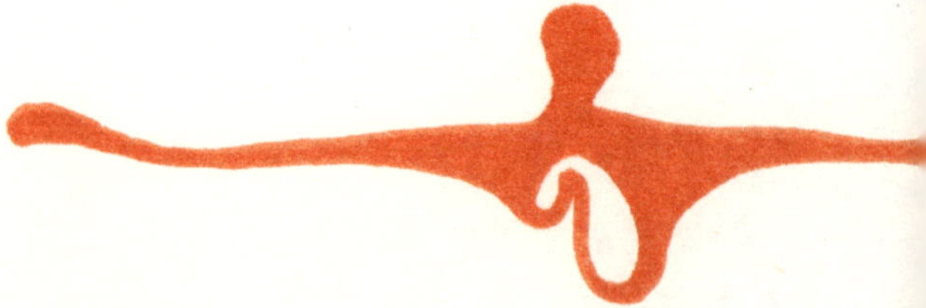

—

Tenho andado com o futuro nas mãos,
em concha.
Com zelo, como se
preciosidade fosse.
Cuidando feito cria.
Cheirando.
Lambendo.
Tudo e nada está contido
ali.

Não sei onde colocá-lo.

Às vezes escapa um pouco
pelos dedos,
alterando seu tempo
verbal.

—

Durante a noite
os móveis se movem
Estalam feito articulação
          Dilatação
Seus barulhos se
misturam ao da minha alma
          Expansão
Ao amanhecer do dia
O som da madeira cessa
          Os meus barulhos não

—

O sussurro no canto
assombrando o
sorriso

Shu shu shu shu shus hu shush u shushushushushu

—

(fala!)
É uma merda
Dói
Rói
Corrói

(fala!)
Não é bom
O que é bom
É dizer que não é

(fala!)
Foda-se
Não foi sonho
Foi só

(fala!)
Eu comigo
Fígado
Vi ao vivo

—

Seria essa lida
uma questão de poesia?

Seria para a letra posta
uma questão de troca?

T umor
H umor

Se a poesia salva,
que umedeça minhas entranhas
e me inunde
na hora H.

—

Vou correr o mundo
a mochila nas costas
sonho adolescente
pendente
Mãos sobre meu corpo
marés, as sete
montes, aos montes
Me afogar no vinho
percorrer caminhos
não idos

Não hesito ao escuro
Do muro, o pulo
e bebo da cachoeira fria
O pranto é banho
A água é benta
A bença!
E vai

—

Meus peitos me olham
de dentro
Meu pescoço, amigo dos olhos, me estende o chamado
ao horizonte
Meus pés pisam
e só

É hora de caminhar

—

Estou viva!
Um livro amarelado com marcas de dedos
Um grande colar azul que balança em desejos
Uma cobra amarela e azul de lantejoulas reluzentes
Uma velha, uma jovem
ciente
de corpo presente
O corpo é presente
Estou viva!
Um beiral de casa antiga
Platinela, da janela
Uma praça com crianças
Uma vila de pescador
Da jangada, a madeira
Do barco, a carranca
Do leme, o vento
Me esquento,
me entendo, não entendo
me honro
Minha mãe, viajo através de ti,
Minha irmã, avós, tias, primas
Minha mana
Agradeço
Do doce, o recheio
Da brisa, os pelos
Da boca, o verbo
Da nuca, o cheiro

Espanto!
Estou viva!
Meio fio, fim de tarde.
Que espanto é viver!

Lista

- Viver.

Agradeço às parcerias vibrantes para a feitura deste livro: Eva Figueiredo, Flavio Barollo, Ivone Gebara, Bianca Oliveira, Flávia Castanheira, Tadeu Breda e toda a equipe da Elefante.

Agradeço também aos olhares e ouvidos generosos de Ana Flávia Rodrigues, Artur Mattar, Carlos Zimbher, Clara Dum, Dinho Lima Flor, Eduardo Mossri, Jonathan Silva, Lilian Assumpção, Maria Giulia Pinheiro, Marilda Alface, Márcia Fernandes, Marcos Coin, Nádia Chaguri Dimitrov, Patricia Gifford, Paulinho Brandão, Rodrigo Mercadante, Rosana Maris, Sandra Ximenez, Thais Campos e Thompson Loiola.

Karen Menatti é atriz, cantora, diretora e escrevinhadeira. Formou-se em artes cênicas pela Fundação das Artes de São Caetano do Sul e é bacharela em filosofia pelo Centro Universitário Claretiano. Além de diversos trabalhos na área artística, é integrante da Cia. do Tijolo desde a sua fundação, em 2008. É autora de *Quintal de miudezas*, lançado em 2017. E continua.

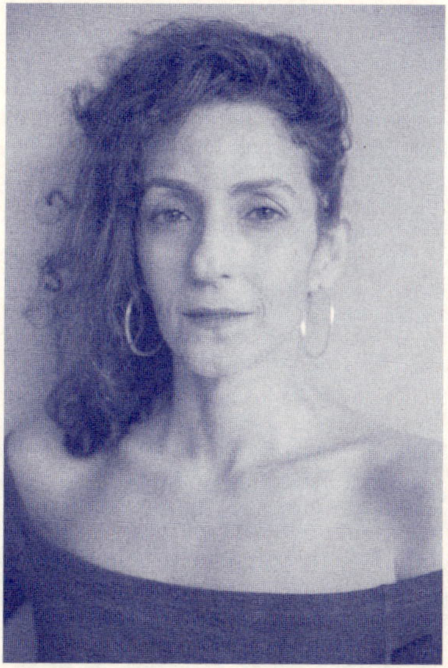

Foto: Flavio Barollo